AF253749

CHATEAUBRIAND

JUGÉ

PAR UN RÉPUBLICAIN... DE BONNE FOI.

> Rien ne découvre mieux dans quelle disposi-
> tion sont les hommes à l'égard des sciences et
> des belles-lettres, et de quelle utilité ils les
> croient dans la République, que le prix qu'ils y
> y ont mis, et l'idée qu'ils se forment de ceux
> qui ont pris le parti de les cultiver.
>
> (La Bruyère.)

TOULOUSE

IMPRIMERIE A. CHAUVIN ET FILS

3, RUE MIREPOIX, 3

1870

[illegible]

[illegible]

CHATEAUBRIAND

JUGÉ

PAR UN RÉPUBLICAIN... DE BONNE FOI.

CHATEAUBRIAND

JUGÉ

PAR UN RÉPUBLICAIN... DE BONNE FOI.

> Rien ne découvre mieux dans quelle disposition sont les hommes à l'égard des sciences et des belles-lettres, et de quelle utilité ils les croient dans la République, que le prix qu'ils y ont mis, et l'idée qu'ils se forment de ceux qui ont pris le parti de les cultiver.
>
> (LA BRUYÈRE.)

—∞∞∞—

TOULOUSE

IMPRIMERIE A. CHAUVIN ET FILS

3, RUE MIREPOIX, 3

—

1870

A L'AME DE MON AMI FIRMIN DELMAS.

Aujourd'hui que tant d'insensés ne croient ni à Dieu ni à une destinée future, c'est à ton âme, Firmin, que je veux dédier cet Eloge d'un homme de bien.

Martyr de la Démocratie, donne le baiser de paix à l'auteur du *Génie du Christianisme*. Les vivants s'entre-déchirent! Que les morts, eux, se réconcilient dans le sein de Dieu!!

AVANT-PROPOS.

En 1864, année de deuil pour mon cœur (1),
l'Académie française mit au concours l'Eloge
de Châteaubriand. Obsédé par je ne sais quel
sombre pressentiment, j'écrivis tout d'un
trait, dans l'espace de quelques jours, une
petite Etude sur cet homme célèbre et je
l'envoyai au docte Aréopage qui... la jeta au
panier des oubliettes. C'était justice !

COUPLET

SUR L'AIR QU'ON VOUDRA.

J'ai fait, lecteur, en me jouant,
L'Eloge de Châteaubriand ;

(1) Voir la note A.

C'est un grand tort, je le confesse,
Car à l'Institut l'on professe
Qu'un écrit, s'il est ennuyeux,
Comme bouquin n'en vaut que mieux.
Voilà, lecteur, ma harangue finie;
Non, non, ce n'est point un prix d'académie,
Ce n'est point un prix d'académie.

PROSPER DUMONT,

Ni franc-maçon ni jésuite.

Prats-de-Mollo, 16 décembre 1867.

CHATEAUBRIAND.

———

I

L'hyperbole est une exagération en deçà
au delà de la vérité.

L'adage espagnol : « Ne touchez pas à la Reine, » serait-il destiné à passer dans la langue française, en tant qu'il s'agirait surtout de l'appliquer à la renommée de Châteaubriand ? Je ne le pense pas. Et voilà pourquoi, dans l'éloge que j'entreprends d'écrire, je rendrai complète justice à l'*homme,* sans aller, toutefois, jusqu'à l'apothéose.

Quand on veut porter un jugement équitable sur un écrivain, il ne suffit pas d'analyser ses œuvres : il faut, de plus, le surprendre, en quelque sorte, sur ses faits et gestes ; car, comme dit Pascal, il y a de ces choses déterminantes qui jugent un homme.

Je me propose donc de passer en revuë, quoique

rapidement, les divers ouvrages de Châteaubriand et quelques-unes des circonstances principales de sa vie, tout en n'omettant pas de tenir compte du milieu social et politique dans lequel cet écrivain s'est produit.

Tel temps, telle littérature.

Mais, pour bien apprécier le mouvement littéraire d'une époque, il faut aller droit aux monuments : j'entends par monuments les œuvres de génie.

Deux mots, d'abord, sur la littérature de la Révolution.

II

Le sens commun est plus rare qu'on ne pense.

Pendant tout le règne de Louis XIV, les lettres françaises avaient jeté le plus vif éclat, et l'on peut dire aussi que les écrits de Voltaire (1), de Montesquieu, de Buffon, contribuèrent à prolonger cette phase brillante jusque vers la fin du dix-huitième siècle.

Mais la Révolution (2) ayant fait son entrée dans le monde beaucoup plus au moyen d'utopies imitées de celles de J.-J. Rousseau qu'à la faveur

(1) Voir la note B.
(2) Voir la note C.

d'idées véritablement philosophiques , le niveau moral et intellectuel de la nation de 1789 sembla s'abaisser aussitôt.

La déclaration des Droits de l'homme (1), cette rapsodie politique, cette ineptie franc-maçonnique mise en drame par Robespierre et , dans des jours néfastes, jouée par lui sur la première scène de l'Europe , devenait une preuve frappante que le cerveau de la France tournait aux utopies sociales et aux billevesées littéraires.

Aussi, à part les immortelles harangues de Mirabeau, ce Démosthènes moderne, dont, malheureusement, le caractère ne fut pas à la hauteur du talent, l'on ne vit rien surgir d'éminent , en fait de littérature proprement dite, pendant les onze dernières années du dix-huitième siècle.

Poëtes et écrivains, d'ailleurs, avaient été impitoyablement fauchés par la Terreur.

En ce temps calamiteux , il ne fallait, le croirait-on? pour être quelque chose comme un écho de l'esprit public, que feindre la grossièreté et la fureur. La presse déméritait des lettres, et la langue nationale , cette belle langue parlée jadis par Racine, s'avilissait jusqu'au cynisme.

Mais ce n'est ni avec une littérature de décadence ni avec un jargon révolutionnaire, que l'on fonde une République. L'indépendance du caractère, l'austérité des principes , l'élévation du lan-

(1) Voir la note D.

gage, voilà les vraies bases, ou plutôt, voilà les vrais titres de noblesse du sentiment civique.

Brumaire hérita de 93. A la licence, que j'appelle la prostitution de la liberté , succéda le despotisme. Après une révolution violente une réaction imprudente, *et vice versá !* C'est là le cercle vicieux et fatal que la France semble condamnée à parcourir, tant qu'elle ne changera pas de logique. Insensé qui nierait l'évidence des choses! On ne récolte, du reste, que ce que l'on sème. Parole d'Evangile, c'est-à-dire de vérité !

Brumaire marqua-t-il une Ere nouvelle, au point de vue surtout du bon sens politique ou de la morale? Non certainement. Mais il arriva que, grâce à une femme de cœur et à un homme d'honneur, les lettres françaises retrouvèrent leur éclat, leur dignité.

Mme de Staël et M. de Châteaubriand, ces grands consolateurs ou, pour mieux dire, les enchanteurs de l'esprit humain sous le Consulat et sous l'Empire, eurent la gloire de se partager, pendant quinze ans, l'admiration de l'Europe, mais aussi les vexations de Napoléon.

Dès lors, quoi de plus naturel que de faire l'éloge de Châteaubriand ?

III

La Renommée est une grande bavarde.

Or, si nous nous reportons un instant, par la pensée, en 1800, nous voyons apparaître tout à coup, sur la scène du monde , deux hommes dont les destinées, bien que très-différentes, se traverseront plus d'une fois.

L'un, faucheur infatigable d'hommes , jouant aux trônes comme les enfants jouent aux osselets, remplira le dix-neuvième siècle du bruit de ses exploits renouvelés de ceux d'Attila ; l'autre, chrétien convaincu et sincère, penseur quelquefois sublime, sorte d'Ossian français, poëte des restaurations tant religieuses que monarchiques, sera un écho plus ou moins fidèle du passé et un prophète plus ou moins avoué de l'avenir.

Napoléon et Châteaubriand, grands rivaux de renommée, génies vastes et, cependant, peu créateurs! Je dis : génies peu créateurs; car, à ne parler que de Napoléon, qui eût jamais pensé qu'il se ferait, en pleine Ere révolutionnaire, le copiste maladroit et presque burlesque du grand empereur Charlemagne?

On sait ce qu'il est advenu et du malheureux copiste et de ses plagiats.

Laissons aux Juvénals futurs le soin de rendre à César ce qui est à César, et, nous qui donnons de beaucoup la préférence à la pensée sur la vaine gloire, occupons-nous du grand écrivain.

IV

> L'adversité, qui abat les âmes faibles, relève les âmes fortes.

François-René de Châteaubriand, issu d'une famille noble de Bretagne (laquelle était déjà illustre à plus d'un titre), apportait en naissant toutes les qualités essentielles au rôle qu'il devait un jour remplir au milieu d'une société travaillée par l'esprit révolutionnaire. Dieu semblait l'avoir choisi pour être, en des temps tourmentés, le consolateur des âmes pieuses et, dans des temps plus propices, l'Esdras, le restaurateur de la religion délaissée.

Elevé par une mère éminemment chrétienne et par un père en qui vibrait fortement le sentiment de l'honneur, le jeune René eut constamment sous les yeux les exemples les plus propres à former un enfant à la vertu. Ces exemples étaient le bon grain dont parle l'Ecriture : tombant dans une bonne terre, il ne peut manquer de germer et de porter du fruit.

« Prépare bien ton cœur, » disait souvent à son fils Mme de Châteaubriand, « car j'entends déjà gronder au loin la tempête, rugir le lion populaire, et, à l'approche des grands bruits de la terre, il faut, crois-moi, mon enfant, redoubler de piété, afin de pouvoir opposer toujours une âme ferme et montrer avec constance un visage serein à l'adversité. »

De telles paroles ne sont-elles pas comme la préface des *Mémoires d'outre-tombe*, dans lesquels on lit le passage suivant : « Ceux qui m'ont cru faire céder en m'opprimant, » s'écrie l'auteur desdits *Mémoires*, « se sont trompés ; l'adversité est pour moi ce qu'était la terre pour Antée ; je reprends des forces dans le sein de ma mère ! »

Aussi, vienne le temps des plus rudes épreuves, le jeune Châteaubriand, loin de se laisser aller au découragement, se fortifiera sans cesse par la prière contre les assauts répétés de l'adversité et surtout contre le Mal du siècle.

La prière redescend toujours sur celui qui a prié (1) !

Notre jeune gentilhomme de Bretagne, divinement inspiré, laissera la Révolution se préparer, s'arranger un lit dans un Charenton quelconque, de nouveau régime, et il s'en ira, lui, pauvre déshérité d'une patrie marâtre, chercher des émotions avouables, cueillir une ample moisson d'ima-

____

(1) Et l'excellente prière n'est autre chose que l'amour de Dieu !!

ges poétiques sur les rives du Nouveau-Monde.

Un instant, et comme sous l'obsession d'un rêve grandiose, il songe à se rendre utile à la science par la recherche du passage polaire, du passage situé au Nord-Ouest du continent américain ; mais à peine a-t-il posé le pied sur une terre libre, mais à peine a-t-il joui des belles scènes de la nature canadienne, que, renonçant à la gloire des découvertes positives, il se plonge avec délices dans les mille et une féeries de sa splendide imagination. Et c'est ainsi que la France, au lieu de s'enrichir d'une nouvelle conquête scientifique, comptera dans la glorieuse phalange de ses grands hommes un brillant écrivain de plus.

A l'œuvre nous allons connaître l'artisan.

V

Un vrai chrétien doit savoir lasser l'insolence
par la patience.

Le *Voyage en Amérique*, sorte de journal, écrit sur les lieux, jour par jour, heure par heure, et, comme chuchoté à l'oreille de la postérité, peut passer déjà pour le premier jet d'un grand talent. Tout y coule de source. L'éminent pöete, qui devait chanter la nature avec tant de grâce, se révèle, pour ainsi dire, à son insu, dans ces premières pages de descriptions où le grandiose des images est rehaussé par l'éclat du style.

Plus tard, l'heureux paysagiste peindra en maître d'autres cieux, d'autres contrées; mais jamais peut-être il ne sera ni plus vrai, ni plus naïf, ni surtout mieux inspiré. Salut donc à ce Christophe Colomb des lettres, qui, de retour en Europe, épanchera dans la langue française, pour la rajeunir, toutes les merveilles d'une nouvelle poétique!

Et vous, ô superbes médiocrités du Directoire, du Consulat et de l'Empire, prenez-en bravement votre parti; menez vous-mêmes le deuil de votre prose. Le temps des harangues adulatrices et des chansons bachiques est passé.

Muse de Châteaubriand, chante-nous Dieu et la liberté (1)!

Mais l'heure d'une renaissance littéraire proprement dite n'avait pas encore sonné.

Sur la fin de 1791, c'est-à-dire au moment où notre jeune voyageur quittait l'Amérique pour rentrer en France, l'on n'entendait, d'un bout à l'autre de l'Europe, que le roulement des canons et le pas de charge des bataillons.

---

(1) Dût, ô Muse, ton écho importuner quelques-uns de nos Solons, devenus caducs et pachas de servitude, qui, se posant en Jupiters de la politique, en maîtres de nos destinées, montrent à l'envi pour la liberté,

   Cette Déesse
   De leur jeunesse,

l'amour du chat pour la souris!!

Que faire alors ? Un Châteaubriand se rangera-t-il à la cause de la Révolution ou à la cause des rois ?

La réponse paraît d'autant moins douteuse que la menace du plus fort est toujours insupportable à un homme de cœur. Qui, même de nos jours, pourrait faire un crime à un gentilhomme, élevé dans la religion de l'honneur, d'avoir embrassé avec résolution la défense du malheureux Louis XVI?

Mais fallait-il, pour cela, se poser en Coriolan à l'égard de la patrie, fût-elle, hélas! ivre de folles vengeances ? Non, mille fois non. Et voilà pourquoi nous condamnons hautement la conduite de tous ceux qui, ayant à pâtir de la Révolution, n'ont pas craint d'ameuter l'étranger contre la France. Nous aussi, nous avons eu, un jour, à souffrir dans notre dignité de citoyen : nous ne disons pas, qu'on le remarque bien, dans notre personnalité dont nous tenons peu de compte ; et Dieu sait s'il nous est venu à la pensée d'insulter à notre pays, de nous armer contre lui ! Ceci est notre réponse à messieurs des Commissions mixtes, qui, sans preuve aucune, sur de simples rapports de police, ne se sont pas fait scrupule de nous traiter en fauteur de guerre civile.

Toujours est-il qu'entraîné, presque malgré lui, par son frère dans les camps de l'émigration, François-René de Châteaubriand assista, en compagnie de messieurs les Prussiens, au siége de

Thionville ; mais, bientôt englobé dans la déconfiture du duc de Brunswick, il se lassa du tumulte des armes, et, plantant là amis et ennemis, il se réfugia, sombre, taciturne, au sein de l'aristocratique Angleterre.

La fortune, aussi bien que la gloire, lui tenant rigueur, il fut obligé, pour vivre, de se livrer à l'ingrat et pénible métier de traducteur.

Ce travail nuisit à sa santé.

Etant tombé assez dangereusement malade à Londres, et se croyant, sur la foi d'un docteur anglais, sorte de médecin Tant-Pis, atteint d'une maladie mortelle, il écrivit à la hâte, comme par pressentiment de l'immortalité, le poëme des *Natchez*, conçu, rêvé dans la solitude des forêts américaines, et l'*Essai sur les Révolutions*, médité sous l'ombrage du parc de Kensington. Ceci se passait en 1794, et Châteaubriand n'avait à cette époque que vingt-six ans !

<h1 style="text-align:center">VI</h1>

> La pénitence est une seconde innocence ; en d'autres termes, se repentir, c'est rentrer dans son bon sens.

Le poëme (1) des *Natchez*, resté en manuscrit pendant plus d'un quart de siècle, et, si je ne me

-----

(1) On se conforme ici à la coutume qui prévaut encore chez nous

trompe, publié seulement dans le cours de 1826, peut passer, à bon droit, pour une mine littéraire où Châteaubriand ne se fit pas faute de puiser des deux mains, au grand avantage de quelques-unes de ses autres productions. C'est un composé de morceaux descriptifs, dramatiques, souvent très-réussis, mais parfois aussi d'un goût assez douteux. On est tout étonné de trouver là, en germe, *Atala*, *René* et presque le *Génie du Christianisme*. Un ouvrage qui renfermait un tel principe de fécondité ne saurait tomber dans l'oubli.

D'où vient que cette voix du jeune écrivain nous remue tant déjà? Ah! c'est qu'elle chante tout ce qu'il y a de beau ici-bas : religion, justice, humanité, égalité et liberté.

Et, chose singulière! à l'ouïr, cette voix (dont l'écho se perdra dans les notes graves des *Mémoires d'outre-tombe*), je me demande si en France l'on parlera de la sorte, quand les Barbares seront à nos portes.

Heureux privilége du génie! Le jeune auteur gentilhomme va se montrer à nous sous un nouveau jour; car, dans l'*Essai sur les Révolutions*, le voilà qui se pose et disserte en philosophe. Mais il n'est pas, toutefois, ce sceptique qu'on a bien voulu dire. Et notre raison reste confondue, lorsque nous entendons accuser d'impiété celui qui a écrit

de donner le titre de poëmes à certains ouvrages de M. de Châteaubriand, quoique écrits en prose.

la pensée suivante : « La religion, cette grande consolatrice des malheureux, est plus utile à l'humanité que le livre du philosophe qui ne saurait essuyer une larme. »

Tout cœur humain a ses moments fâcheux ! Faut-il donc s'étonner que l'*Essai sur les Révolutions* ne soit, sous une forme quasi-historique, qu'un long chant de douleur ? Il a été composé, ce chant, en toute liberté, en pleine solitude, dans un long accès de rêverie : d'où son originalité qui, du reste, ne nuit pas à son mérite.

L'écrivain qui, même au risque de déplaire à ses amis, parle avec force le langage de la vérité, ne porte évidemment l'attache d'aucune coterie politique, littéraire ou religieuse. Et je ne puis que l'en féliciter.

Devenu plus tard homme de parti, Châteaubriand se frappera solennellement, à plusieurs reprises, la poitrine, et demandera grâce pour les rêves philosophiques de sa jeunesse ; mais il aura beau faire son *meá culpá*, ce qui est écrit est écrit ! et quoi qu'il dise, il y aura toujours du jeune homme de l'*Essai* dans le vieil homme des *Mémoires d'outre-tombe*. Chassez le naturel, il revient au galop.

En résumé, l'*Essai* est un livre étrange, tout surchargé de citations, peut-être un peu trop désordonné, mais qui n'en dénote pas moins chez l'auteur une grande puissance d'observation, une verve poétique peu commune, une riche imagination, une sensibilité exquise, un goût réel pour les nouveautés d'invention et de style.

Deux mots maintenant sur la crise morale qui, en 1798, décida du sort, j'allais presque dire du talent de Châteaubriand.

A peine entré en convalescence, le jeune émigré venait de mettre la dernière main à l'*Essai*, lorsque, apprenant coup sur coup la mort de sa mère et celle de sa sœur aînée, il crut voir dans ce double événement, si douloureux pour son âme, un avertissement de Dieu. Ressaisi aussitôt par les saintes croyances, par les pieux souvenirs de son enfance, il pria, pleura, se repentit, et, comme pour se faire pardonner ses velléités philosophiques, il composa presque tout d'un souffle *Atala*, *René* et le *Génie du Christianisme*.

O piété, muse de Châteaubriand, qu'à tes nobles accents la terre se réveille !

VII

Ah ! bachelier du diable, ayez un peu plus d'indulgence.

Atala, ou les *Amours de deux sauvages dans le désert*, parut avec le printemps de 1801. A cette époque, M. de Châteaubriand, rayé enfin de la liste des émigrés, avait pu rentrer en France. Son exil avait duré près de dix ans ! Heureux celui qui ne saura jamais par lui-même .combien est amer le pain de l'étranger ! !

Atala est une sorte de poëme , moitié descriptif , moitié dramatique. Tout consiste, au dire même de l'auteur, dans la peinture de deux amants qui marchent et causent en pleine solitude américaine ; tout gît dans le tableau des troubles de l'amour au milieu du silence du désert et du calme de la religion.

Bien loin de ne voir de parti pris, comme l'abbé de Pradt , qu'un affreux pastiche dans *Atala* , je me prends, au contraire, à penser que l'ouvrage, ayant réussi, ne doit pas être dépourvu de mérite , et je dis : Faites mieux , messieurs les Aristarques, si vous le pouvez !

Puis , quelles que soient d'ailleurs les réserves qu'une Critique envieuse , malveillante opposerait au jugement des Contemporains, on n'en lira et relira pas moins, croyons-nous, un livre où le premier écrivain romantique du dix-neuvième siècle nous a donné, s'il nous est permis de nous exprimer de la sorte, la clé de son beau talent.

Quelle variété d'images, en effet, dans *Atala !* quelle ampleur de chant ! quelle harmonie de ton ! quels éblouissements ! que d'observations vives et charmantes ! que de choses tendres et gracieuses ! Comme tout cela fait doucement rêver ! comme tout cela enchante l'esprit ! comme tout cela séduit le cœur ! O charme de la poésie, je te reconnais bien là !

Ce qu'il y a de plus remarquable encore dans *Atala*, c'est la mort de l'amante de Chactas. Voyez comme ce nœud de l'action épique est merveilleusement amené! comme cette fin de la jeune Indienne est traitée avec un grand sentiment dramatique, mélangé de résignation chrétienne!

Bref, la religion triomphe de l'amour, et c'est ainsi que se termine cette touchante histoire.

Sonnez, trompettes sacrées, voici venir le *Génie du Christianisme*, lequel mettra le sceau à la gloire du jeune auteur d'*Atala*.

VIII

La vérité et l'erreur dorment côte à côte dans les bibliothèques.

Châteaubriand était évidemment transporté d'un véritable enthousiasme religieux au moment où il entreprit de prouver à la génération sceptique du Consulat et de l'Empire que le Paradis chrétien, fermé pour elle, n'avait rien de commun avec l'Olympe des dieux et des demi-dieux, qu'elle semblait vouloir ressusciter en faveur de son héros.

C'était une tâche bien faite, du reste, pour tenter le brillant poëte des *Natchez!* Aussi ne devons-nous pas nous étonner que l'auteur d'*Atala* ait, nouvel Ovide, entrepris d'écrire les Fastes de la Religion.

Ce que Mme de Staël attribuait faussement à la perfectibilité humaine, Châteaubriand, lui, l'attribue en toute vérité au merveilleux, au surnaturel chrétien ; il ne pouvait donc, suivant l'expression si juste de M. de Lamartine, que nous donner le Reliquaire poétique de la Foi catholique.

Le *Génie du Christianisme* parut dans les premiers jours de 1802. Ce livre remarquable fut comme le signe avant-coureur de la réconciliation qui devait, à la façon du baiser Lamourette, s'établir un instant entre la religion chrétienne et la philosophie française, devenue l'Ecole du Déisme.

C'est, dira-t-on peut-être, un ouvrage d'*effet*. Soit. L'auteur semble, malheureusement, avoir beaucoup plus en vue son propre triomphe que celui de sa cause. Soit encore.

Mais quel style! mais quel coup de pinceau! Comme peintre-poéte, M. de Châteaubriand a beaucoup plus que du talent : il a le génie de l'expression improvisée, créée. S'il ne rencontre pas toujours la justesse, la propriété des termes, il sait, en revanche, saisir parfaitement le beau côté des choses, rendre d'une manière neuve, originale, les moindres reflets de sa pensée.

Quel mouvement, quelle symétrie, d'ailleurs, dans tous ces tableaux pittoresques que sa plume magique se plaît à dérouler sous nos yeux !

Le *Génie du Christianisme*, tout empreint de

poésie mystique, ramena les esprits, fatigués des réalités terrestres, vers le goût, vers l'amour du merveilleux. On se plongea dans les réminiscences gothiques, on se précipita dans les vieilleries glorieuses, comme on s'était précipité naguère dans les nouveautés philosophiques, dans les témérités révolutionnaires. « Tel est le cœur humain, » a dit quelque part M. Thiers (1) : « le présent, la réalité le fatigue ou l'oppresse. Le passé acquiert tout à coup un attrait puissant. »

« Sans doute, — et c'est toujours M. Thiers qui parle, — on pouvait blâmer dans le nouvel ouvrage de M. de Châteaubriand l'abus d'une riche imagination ; mais après Virgile, mais après Horace, il est resté dans la mémoire des hommes une place pour l'ingénieux Ovide, pour le brillant Lucain, et, seul peut-être parmi les livres de ce temps (2), le *Génie du Christianisme* vivra, fortement lié qu'il est à une époque mémorable : il vivra, comme ces frises sculptées sur le marbre d'un édifice vivent avec le monument qui les porte. »

Morte donc, par impossible, l'*Histoire du Consulat et de l'Empire*, morte serait la *Poétique du Christianisme*. L'une ne vivrait que ce que vivrait l'autre !

____

(1) Diplomate-brouillon toujours en disponibilité, triste agent d'intrigues antirépublicaines, au service de l'Ineptie bourgeoise, cause de tous nos désastres révolutionnaires.

(2) Voir la note E.

O Logique de la vanité bourgeoise et du scepticisme déguisé, ce sont là, cependant, de tes coups !

IX.

> La tristesse qui règne sur le vide du cœur est loin de ressembler à la sagesse.

Abordons maintenant *René*, mais soyons bref, et tâchons surtout de ne pas imiter l'écrivain souvent ennuyé auquel nous devons cette peinture de plus d'un romantique ennuyeux : « Homme ! tu n'es qu'un rêve douloureux ; tu n'existes que par le malheur ; tu n'es quelque chose que par l'éternelle mélancolie de ta pensée ! »

Voilà, en effet, tout *René*. C'est le vrai type de cette Ecole qui nous a donné *Oberman*, *Child-Harold* et tant d'autres rêvasseries ténébreuses, aboutissant, poussant à la tragique folie du suicide.

René est un Werther habillé à la française et quelque peu aspergé d'eau bénite. Il est donc *un tantinet* plus aimable, plus sage et surtout plus religieux que le Werther de Gœthe.

« Quand je peignis *René*, » a dit Châteaubriand, « j'aurais dû demander à mes plaisirs le secret de mes ennuis. »

Prenons note de cet aveu qui contient tout un enseignement.

Puis il ajoute : « Obligé de faire entrer dans le cadre du *Génie du Christianisme* quelques tableaux pour l'imagination , j'ai voulu non-seulement dénoncer, combattre le travers particulier des jeunes gens du siècle, — le travers qui mène directement au suicide , — mais encore peindre les funestes conséquences de l'amour outré de la solitude. »

Væ soli, malheur à l'homme seul ! a dit depuis longtemps l'Ecriture.

Et , comme pour se faire pardonner d'avoir caché le Werther que vous savez sous l'idée feinte de la religion , l'auteur laisse aussitôt échapper cet autre aveu : « Lord Byron a ouvert une déplorable école. Je présume qu'il a été aussi désolé des Child-Harold auxquels il a donné naissance que je le suis des René qui rêvent autour de moi. »

René n'en est pas moins le fleuron de la couronne poétique de Châteaubriand. C'était , d'ailleurs , le Benjamin de ses rêves ! Respectons cette prédilection , mais passons outre.

Cette petite Etude, d'ailleurs , ne saurait être un *in-quarto*.

X

<blockquote>Heureux celui qui a autant de conscience que d'esprit !</blockquote>

Atala et le *Genie du Christianisme* obtinrent un immense succès, surtout en France. Ces deux livres furent, à vrai dire, la préface du Concordat.

Napoléon, qui, dans l'intérêt de son ambition et pour le besoin de sa politique, avait, certes, plutôt fait preuve de tact qu'acte de foi, en relevant les autels, fut le premier à applaudir bruyamment au triomphe du jeune écrivain.

Et, désireux qu'il était de se concilier une voix accréditée du catholicisme, il nomma Châteaubriand premier secrétaire d'ambassade à Rome, sauf à l'envoyer un peu plus tard, en qualité de ministre de France, dans le canton catholique du Valais (Suisse).

Mais l'assassinat juridique du Duc d'Enghien, legs fatal laissé par *Brumaire* à l'Empire, ne pouvait que creuser un abîme entre deux hommes dont l'un était l'image vivante du despotisme et l'autre la personnification même de l'honneur.

La lettre, par laquelle l'auteur du *Génie du Christianisme* adressa sa démission de ministre à celui qui parlait déjà en maître à l'Europe, est trop connue, trop célèbre pour que nous la rappelions ici. Napoléon conçut un vif dépit de cette leçon qui lui était si dignement donnée par un de ses subordonnés ; mais l'attitude servile des souverains de l'Europe fit bientôt oublier au grand coupable de 1804 et son crime et la généreuse protestation d'un noble cœur.

Châteaubriand, de son côté, afin de méditer plus à son aise sur les vicissitudes d'ici-bas et sur les aménités de la tyrannie, se tint avec soin, suivant sa propre expression, à l'écart de la vie active. Rendu à ses chères études, il ne s'accorda pour toute distraction, pendant près de deux années passées au fond d'un hôtel solitaire de Paris, qu'une excursion de quelques semaines à Vichy, en Auvergne et au mont Blanc.

On trouve dans la Relation de ses nombreux voyages, laquelle jouit à juste titre d'un grand renom, tout ce qui a trait à cette excursion.

Puis, sentant de nouveau l'aiguillon de la Poésie, il résolut de se soustraire aux rancunes de Bonaparte, de s'arracher aux douceurs de la vie conjugale et d'aller visiter la Grèce, la Palestine, l'Egypte, les ruines de Carthage, etc.

Il comptait bien, chemin faisant, prononcer un discours politique sur la tombe de *Mesdames* à Trieste, au risque de raviver la colère, sinon les remords du meurtrier tout-puissant du Duc d'Enghien ; il comptait surtout cueillir çà et là une ample moisson d'idées, d'observations et d'images ;

car tel était véritablement le but de ce voyage.

Le plan des *Martyrs* une fois conçu, tout allait jaillir de source. Le grand écrivain avait trouvé le sujet d'une nouvelle épopée. Peintre-poëte, il ne lui restait plus qu'à composer sa palette, à prendre ses pinceaux.

Or, l'Orient, comme chacun sait, est le pays des féeries, des enchantements. Comment, dès lors, s'étonner que ce pays-là ait donné le jour au poëme des *Martyrs*, à l'*Itinéraire* et au *Dernier des Abencerrages?*

XI

> Heureux l'écrivain qui exerce un empire ab-
> solu sur les âmes tendres !

Le poëme des *Martyrs* est, sans contredit, de tous les ouvrages de M. de Châteaubriand, le plus correct et aussi le mieux ordonné. Il accuse non-seulement un grand effort de style, mais encore un respect soutenu pour la langue. Grâces en soient rendues au chef de la nouvelle Ecole !

Ce poëme est l'application, j'oserais presque dire la mise en scène de la doctrine littéraire que M. de Châteaubriand a développée dans le *Génie du Christianisme*. C'est, si l'on veut encore, la démonstration la plus éloquente qui jamais ait été faite de l'influence du christianisme sur la haute poésie, sur la marche des actions épiques. Peut-être y avait-il un peu de puérilité à vouloir prouver que le merveilleux chrétien est supérieur aux fables du paganisme. Mais, du reste, quoi de plus propre à l'épopée que ces grandes émotions du cœur, réglées, épurées par la religion de Jésus-Christ? M. de Châteaubriand a su tirer très-bon parti de ce ressort tout nouveau des sentiments humains, et, dans son poëme des *Martyrs*, il s'est en quelque sorte surpassé. Où trouverait-on un style plus coloré, où des pensées plus fortes, où des images plus variées?

Aussi une dame lettrée a-t-elle pu dire que la prose de Châteaubriand lui faisait éprouver une espèce de frémissement d'amour.

Heureux l'écrivain qui exerce un tel empire sur les âmes tendres !

L'*Itinéraire* n'est, à proprement parler, qu'un journal de voyage, écrit sous la tente, mais revu, pour la postérité, dans le cabinet d'un éditeur en renom. Est-il rien de plus charmant, de plus instructif, de plus attrayant que ce long et pittoresque récit de tant d'étapes, de tant de promenades faites, en toute liberté, par un homme de génie, à travers la Grèce, la Palestine, l'Egypte, etc...?

On retrouve dans l'*Itinéraire* toutes les qualités de style, mais aussi, quoique atténués, les quelques défauts de goût de l'auteur des *Martyrs*. Cependant, cette fois encore, M. de Châteaubriand s'était surpassé.

Dès que ce nouvel ouvrage parut, un évêque de mérite, le cardinal de Beausset, prévoyant un grand et légitime succès, s'empressa d'adresser au célèbre écrivain une lettre dans laquelle on remarque le passage suivant : « Vous êtes, Monsieur le vicomte, le premier et le seul voyageur qui n'ait pas eu besoin du secours de la gravure et du dessin pour mettre sous les yeux des lecteurs les lieux et les monuments qui rappellent de beaux souvenirs et de grandes images. Votre âme a tout senti, votre imagination a tout peint, et le lecteur sent avec votre âme et voit avec vos yeux. »

Voilà, certes, qui est parler d'or !

Tout ce que nous pourrions ajouter à un tel éloge risquerait de paraître bien fade, bien pâle. Restons-en là de nos appréciations.

Quant au *Dernier des Abencerrages*, ne vous semble-t-il pas, Messieurs les Lettrés, que ce roman composé, écrit sur la fin de l'Empire, mais publié seulement en 1826, clôt dignement la carrière littéraire proprement dite de M. de Châteaubriand ?

Dans ce récit à quatre personnages, que de vives images, n'est-ce pas ? et quelle fraîcheur de poésie ! Quoi de plus gracieux, de plus tendre que la romance « *à Hélène !* » Quelle note fut jamais plus touchante ! Quel cri du cœur fut jamais mieux rendu, mieux traduit ! On croirait entendre un écho de l'âge d'or des Troubadours et des Trouvères.

XII

Où est cet homme vertueux qui dit toujours
la vérité ?

Et maintenant, parlerons-nous de la participation de M. de Châteaubriand à la rédaction du journal *le Mercure?* Pouvons-nous passer sous silence un article qui fut presque un événement en 1807?

Si nous voulons prendre un avant-goût du style politique de l'auteur de « *Buonaparte et les Bourbons*, » lisons et relisons ceci : « Lorsque, dans le silence de l'abjection, » écrivait, le 4 juillet 1807 (1), M. de Châteaubriand, « l'on n'entend plus retentir que la chaîne de l'esclave et la voix du délateur; lorsque tout tremble devant le tyran et qu'il est aussi dangereux d'encourir sa faveur que de mériter sa disgrâce, l'historien paraît chargé de la vengeance des peuples. C'est en vain que Néron prospère, Tacite est déjà né dans l'Empire; il croît inconnu auprès des cendres de Germanicus, et déjà l'intègre Providence a livré à un enfant obscur la gloire du maître du monde. Si le rôle de l'historien est beau, il est souvent dange-

(1) **Voir le numéro du *Mercure* de ce jour.**

reux ; mais il est des autels comme celui de l'honneur, qui, bien qu'abandonnés, réclament encore des sacrifices ; le Dieu n'est point anéanti, parce que le temple est désert ! »

Une telle page promettait, n'est-il pas vrai? Aussi aurons-nous bientôt à applaudir au talent de l'écrivain politique, comme nous avons eu à applaudir à la verve poétique du chef de l'Ecole romantique.

XIII

La vérité est comme le soleil qu'une éclipse
peut obscurcir, mais qu'elle ne saurait éteindre.

Nommé membre de l'Académie française en 1811, Châteaubriand, que ses hardiesses de langage rendaient peu sympathique à Napoléon, ne put, faute d'avoir fait agréer par celui-ci son discours de réception, siéger dans la célèbre compagnie. Mais, à la chute de l'Empire, l'honorable académicien prit, enfin, possession de son fauteuil. L'esprit devait avoir raison de la force brutale.

Disons franchement ce que nous pensons de la brochure de M. de Châteaubriand intitulée *Buonaparte et les Bourbons.*

Ce pamphlet, — car c'en est un et des plus virulents, — ce pamphlet, préparé longtemps à l'avance et lancé avec un rare à-propos dans la circulation, en 1814-1815, pour hâter la chute du tyran et pour préparer les voies à une restauration bourbonienne, n'a-t-il pas fait (qu'on nous passe cette expression proverbiale et même triviale) d'une pierre deux coups? Ce fut, ne l'oublions pas, au nom de la liberté, que Châteaubriand protesta contre le despotisme, et qu'il emprunta le burin de Tacite pour stigmatiser dans ces lignes fameuses la police de l'ex-jacobin Fouché :

« Alors commencèrent les grandes saturnales de l'Empire. Les crimes, l'oppression, l'esclavage marchèrent d'un pas égal avec la folie. Toute liberté expire, tout sentiment honorable , toute pensée généreuse deviennent des conspirations contre l'Etat ; les mots changent d'acception : la France entière devient l'empire du mensonge : journaux, pamphlets, discours, prose et vers, tout déguise la vérité. S'il a fait de la pluie, on assure qu'il a fait du soleil ; si le tyran s'est promené au milieu du peuple muet, il s'est avancé au milieu des acclamations de la foule. Les gens de lettres sont, par des menaces, forcés de célébrer le despote. Ils composaient, ils capitulaient sur le degré de louanges ; heureux quand, au prix de quelques lieux communs sur la gloire des armes, ils avaient acheté le droit de rappeler quelques vérités proscrites. Les Almanachs étaient examinés avec soin... Dans les arts, même servitude... L'imposture et le silence étaient les deux grands moyens employés pour tenir le peuple dans l'erreur. Vous voulez élever la voix, un espion vous dénonce, un gendarme vous arrête, une commission militaire vous juge, on vous casse la tête, et on vous oublie... Comment guérir la plaie faite par un gouvernement qui posait en principe le despotisme ; qui, ne parlant que de morale et de religion, détruisait sans cesse la morale et la religion par ses institutions et ses mépris, qui ne cherchait point à fonder l'ordre sur le devoir et sur la loi, mais sur la force et les espions de police ; qui prenait la stupeur de l'esclavage pour la paix d'une société bien organisée ? Les révolutions les plus terribles sont préférables à un pareil état : c'est dans le despotisme que disparaissent les empires... »

Et voilà bien, en effet, le régime de la tyrannie ; et le pamphlet du grand écrivain devenait ainsi la véritable épitaphe de l'Attila du dix-neuvième siècle. Aussi Louis XVIII put-il, en ressaisissant sa couronne, dire au Tacite royaliste : « Votre livre a valu plus qu'une armée pour ma cause. »

La France, jetant bas, enfin, l'idole des soudards et saluant d'une longue acclamation le livre vengeur de M. de Châteaubriand, reconnaissait encore une fois dans son écrivain favori l'oracle de la Providence.

XIV

A l'honnêteté seule la vraie habileté!

La chute de l'Empire trouva l'auteur de *Buona-parte et les Bourbons* plus ou moins épris de libéra-lisme. C'est de cet amour-là que naquit, si j'ose ainsi parler, *la Monarchie selon la Charte*, sorte de catéchisme constitutionnel, plus propre à faire des révolutionnaires que des royalistes. L'esprit mobile du gentilhomme breton se complaisait, d'ailleurs, au mirage d'une œuvre de réconciliation entre l'ancienne monarchie et la Révolution. Passe encore pour vouloir réconcilier de vieux amis, mais des ennemis déclarés et implacables, c'est par trop naïf!

Elevé à la dignité de pair de France, et n'étant pas complétement satisfait de cette haute position, Châteaubriand, après avoir applaudi de toutes ses forces aux exploits de la Chambre *introuvable*, passa *ex abrupto* du camp de l'ultra-royalisme dans celui de l'opposition. Il fonda, en 1818, le *Conservateur*, journal semi-quotidien ; et, bien décidé à s'en faire un levier pour renverser tout ministère qui ne serait pas inféodé à son ambition, il donna aussitôt et sans relâche l'assaut au pouvoir.

Une fois vainqueur, il s'écriera , l'implacable poëte : « Que m'importent, ô royalistes, vos futiles misères, à moi qui ne crois à rien de ce que je vois, à 'moi qui appartiens au passé, à moi sans foi dans les rois, sans conviction à l'égard des peuples , à moi qui ne me suis jamais soucié de rien , excepté des songes , à condition encore qu'ils ne durent qu'une nuit ! »

Peste ! Voilà qui s'appelle ne pas mâcher les mots !

Nommé à l'ambassade de Berlin et , peu de temps après , à celle de Londres , puis , ministre plénipotentiaire au congrès de Vérone, dont il devait être un jour l'éloquent historien , plus tard , enfin, ministre des affaires étrangères de France , il se rejeta dans l'opposition , dès qu'il fut remercié de ses services par le roi ; et, plus épris que jamais de libéralisme , il recommença sous l'égide des Bertin, véritables hommes d'Etat du journalisme, la polémique acerbe, belliqueuse de 1818.

Ce fut pendant une trêve de sa nouvelle vie de journaliste, c'est-à-dire en 1829, je crois bien, qu'il composa, pour complaire à Mme Récamier, la Béatrice sans rêve de René vieilli, la tragédie de *Moïse*, dont la forme peu racinienne n'a pas reçu du public lettré et classique l'accueil, d'ordinaire, réservé aux hautes conceptions du génie.

Cependant, de guerre lasse, Charles X ayant fini par offrir l'ambassade de Rome , cette fiche de consolation des diplomates en disponibilité , au vicomte de Châteaubriand, celui-ci crut devoir l'accepter.

On était presque à la veille de la Révolution de Juillet.

Quand survint la terrible catastrophe, si souvent prédite par l'illustre écrivain, on le vit, ce fier ligueur, s'incliner avec respect devant un roi détrôné, et, dans sa constante fidélité au malheur, donner plus d'une leçon de dignité à maint courtisan de la fortune, toujours prêt à insulter les vaincus pour se rendre agréable aux vainqueurs.

Après avoir défendu courageusement les ministres de Charles X, devenus prisonniers d'Etat, et la duchesse de Berry, compromise (est-ce le mot?) dans les troubles de la Vendée, il ne consentit à se retirer de la lice, à se condamner à l'inaction politique que sur les instances, nous allions presque dire sur les prières de la famille royale, à laquelle il s'était dévoué de nouveau avec toute l'ardeur des premiers jours.

Les *Etudes historiques* dont tant de graves auteurs se sont emparés, la *Vie de Rancé*, vrai prodige classique d'une verte vieillesse, et les *Mémoires d'outre-tombe*, cette édition posthume de *René* ou, pour parler le langage romantique, ce dernier coup de tonnerre d'un Jupiter de la littérature, forment comme le couronnement lumineux d'une carrière si bien remplie.

Dors en paix, ô grand homme! oui, dors enseveli dans ta gloire et dans le triomphe d'une révo-

lution populaire, vengeresse d'une conspiration,
d'une usurpation dynastique. Car ce fut au bruit
de la Révolution de 1848, que ce dernier et véridique témoin d'un monde féodal s'enfonça, pour
me servir de sa propre expression, dans l'Eternité !

XV

> La gloire des grands hommes se doit toujours
> mesurer aux moyens dont ils se sont servis pour
> l'acquérir.

Au seuil du dix-neuvième siècle, ou plutôt à la
limite de deux mondes, il s'est donc rencontré un
homme qui, fait pour briller dans les lettres et
dans la politique, a su être à la fois le consolateur
des âmes pieuses en des temps tourmentés, l'en-
chanteur de l'esprit humain sous le règne d'un
César, et un prodige de fidélité au milieu de
l'abaissement des caractères, de l'affaissement des
consciences.

Génie poétique, imagination splendide, sagacité
remarquable, sensibilité exquise, tels furent les
dons départis par la nature à l'auteur du *Génie du
Christianisme* et des *Martyrs*.

Vrai type du gentilhomme, le vicomte de Châteaubriand réunissait l'amabilité à la distinction.
Qui n'a été, dirait M. de Sainte-Beuve lui-même,

sous le coup de la séduction de ses manières affables et élégantes ?

Nul, d'ailleurs, n'a jamais montré en toutes choses plus de droiture. Dans le langage comme dans les actes, on sent, on reconnaît l'accord d'une intelligence élevée et d'une grande intégrité.

Bref, Châteaubriand fut un gentleman tellement accompli, qu'on ne pouvait plus l'oublier, si nous en croyons ses Contemporains, dès qu'on l'avait vu une fois. Et ne mérite-t-il pas le surnom de Preux celui qui, comprenant si bien l'honneur, l'a défini : une exaltation de l'âme, propre à maintenir le cœur incorruptible au milieu de la corruption ?

Paix donc et gloire à ta mémoire, ô digne Preux,

> Des rois le confident, mais non le vil flatteur ;
> Inflexible soutien du parti de l'Honneur,
> Qui, signalant partout ton zèle, ta prudence,
> Servis également et l'Eglise et la France ;
> Censeur de tes égaux, mais de tes pairs aimé ;
> De César l'ennemi, craint autant qu'estimé !

FIN.

24 février 1864.

NOTES.

—

NOTE A.

Dans l'avant-propos de cet opuscule j'ai dit que 1864 avait été une année de deuil pour mon cœur. En voici l'explication, peu poétique, mais marquée au sceau d'une maxime tout évangélique : « Bienheureux ceux qui pleurent, parce qu'ils seront consolés ! »

L'AME DE MA VIELLE.

Air d'Aristippe.

A bout de tribulation,
Mon âme, ô mon Dieu ! cherche-t-elle
En vous sa consolation ?
Veux-je cueillir une immortelle ?
Dans ma pensée est-ce au cercueil
D'un ami (1) que je la destine ?
Du temps ai-je à sonder l'écueil ?
Je lis les vers de Lamartine.

O mort, que me sont les apprêts !
Puisse, à ma dernière heure encore,
Un ange (2), qui me suit de près,
Me dire : « Prie, espère, adore ! »

(1) Firmin Delmas, ex-capitaine d'état-major, victime du Coup d'Etat.
(2) Claire Boutet, autre victime de la police de Buonaparte.

Mais quel doux luth, pour me charmer,
Fait entendre une cavatine?
Mon cœur n'est pas lassé d'aimer,
Je lis les vers de Lamartine.

L'amour d'autrui! Quoi de plus beau?
Ah! qu'il m'échauffe de sa flamme!
Que de l'amitié le flambeau
Laisse lire au fond de mon âme!!
Pourquoi gémirais-je à demi?
Dût ma douleur être enfantine!
Oui, pour mieux pleurer un ami,
Je lis les vers de Lamartine.

Vers raciniens, échos des cieux,
Auxquels les anges applaudissent,
Vers, aussi purs qu'harmonieux,
Qui me transportent, me ravissent,
Tant ils sont pleins d'ampleur, d'éclat!
Silence, ô ma muse lutine!
Pour combattre le grand combat,
Je lis les vers de Lamartine.

NOTE B.

Personne n'a mieux écrit le français que Voltaire, personne n'a tant couru après l'esprit... malin... que lui; mais Dieu nous garde de faire de ce diable d'homme le *Roi*... de la *République* des lettres! nous n'avons pas, comme certains admirateurs de M. Victor Hugo, la bosse des fausses antithèses.

Voici, en deux mots, la vérité sur Voltaire :

Ce grand écrivain, un peu trop passionnément hâbleur, s'est beaucoup moqué de tout le monde et surtout de ses lecteurs, mais il ne s'est jamais moqué de lui-même, et, s'il eût eu autant d'esprit qu'on veut bien lui en donner, il aurait dû commencer par là.

Qu'il y a loin de l'ironie superbe de Voltaire au véritable esprit gaulois duquel on a pu dire : Tout prête à plaisanterie, pour lui, y compris ses propres travers ! Tel est, en effet, le véritable cachet de l'esprit de notre race.

NOTE C.

Je souhaite de tout mon cœur que les fameux Principes de 92 n'aient pas pour la France le même résultat qu'eurent, pour la malheureuse Pologne, les mêmes inepties adoptées, en 1768, par la célèbre Confédération de Bar, dont le chef était Kosciusko. *Finis Poloniæ !*

NOTE D.

« La Déclaration des Droits de l'homme, » avait dit Mirabeau, « ne sera que l'almanach d'une année. » Cette prophétie ne tarda pas à se vérifier. Après que la Convention nationale eut renversé le trône et déclaré la république une et indivisible, elle voulut faire une nouvelle Déclaration des Droits. Cette seconde Déclaration, faite dans une assemblée démocratique, sans roi, sans noblesse, sans clergé, n'eut pour objet que de pallier et de tempérer la première. On avait senti le danger de ce Manifeste contre toute espèce de gouvernement ; mais on ne voulut pas avouer une erreur professée avec tant d'orgueil : on se flatta de tromper le peuple en conservant le même titre à un ouvrage qui n'était plus le même ; on essaya d'ôter sans bruit, ou, pour employer le mot propre, d'escamoter les articles qui avaient servi de prétexte ou d'excuse à toutes les insurrections, et comme la première Déclaration des Droits avait jeté la multitude dans un état d'ivresse et de folie, on crut la ramener à la raison en y ajoutant une Déclaration parallèle des Devoirs. S'il fallait administrer le poison, l'antidote pouvait avoir son usage ; mais il eût été plus sage de ne pas faire le mal que de compter sur l'effet du remède.

Quoique cette nouvelle Déclaration soit moins absurde et moins dangereuse que la première, elle est encore très-défectueuse dans la logique, très-obscure et informe dans l'expression. La partie politique ne contient que des définitions fausses, et la partie morale que des phrases de rhétorique. L'analyse détaillée d'un ouvrage obscur et oublié dès sa naissance ne serait aujourd'hui qu'un travail aride et ennuyeux.

(Extrait du *Traité des Sophismes politiques*, par J. Bentham, jurisconsulte anglais, et par Et. Dumont, publiciste génevois.)

NOTE E.

Ce Temps court du Coup d'Etat du Dix-huit Brumaire de l'an VIII de la République (11 décembre 1799) à la défaite de Waterloo (18 juin 1815).

FIN DES NOTES.

LA CENSURE DÉGUISÉE,

EN L'AN 1868,

ET UN CAS DE CONSCIENCE.

Que l'on juge, par les deux lettres suivantes, des rapports qui, sous l'Empire, pouvaient exister entre un imprimeur honorable et un auteur, si insignifiant soit-il !   P. D.

Perpignan, le 24 février 1868.

A M. Prosper Dumont, ancien officier.

Monsieur.

J'ai souligné les passages de votre écrit qui me paraissent ne pas pouvoir être imprimés.

Je crois que votre brochure devrait être soumise au timbre ; car le mot d'économie politique est fort élastique, et il est bien difficile d'ouvrir la bouche sans en faire.

Le passage que vous signaliez à mon attention peut se lire dans les Œuvres de Châteaubriand ; mais le citer comme extrait, c'est appeler sur lui, et d'une manière toute particulière, l'attention du lecteur, déjà peut-être trop édifié par ce tableau si véridique des mœurs du premier Empire.

Quoi qu'il en soit, en supprimant cette citation et en

adoucissant l'expression aux endroits soulignés, votre éloge ne peut prêter prise aux attaques du gouvernement.

Pour ma part, je serais heureux de contribuer mécaniquement à la publicité que mérite un travail aussi consciencieux qu'indépendant.

Veuillez agréer, Monsieur, l'assurance de mes sentiments dévoués.

Ch. LATROBE.

Prats-de-Mollo, mars 1868.

A M. Ch. Latrobe, imprimeur, à Perpignan.

Monsieur,

Laissez-moi espérer que le jour n'est pas éloigné où, n'ayant plus affaire à une censure un peu trop méticuleuse, je pourrai, dans le seul intérêt de la vérité, si souvent calomniée par le mensonge, faire imprimer mon petit manuscrit, sans que j'aie à transiger avec ma conscience et avec la sincérité de l'histoire.

Mais à quel genre de teinture Messieurs les Chimistes de la censure impériale s'adonnent-ils donc, pour que des citations historiques doivent être aussi passées à la cuve ?

Veuillez bien, Monsieur, me croire votre très-humble obligé, et agréer les regrets que j'éprouve à me dire votre trop édifié serviteur,

Prosper DUMONT.

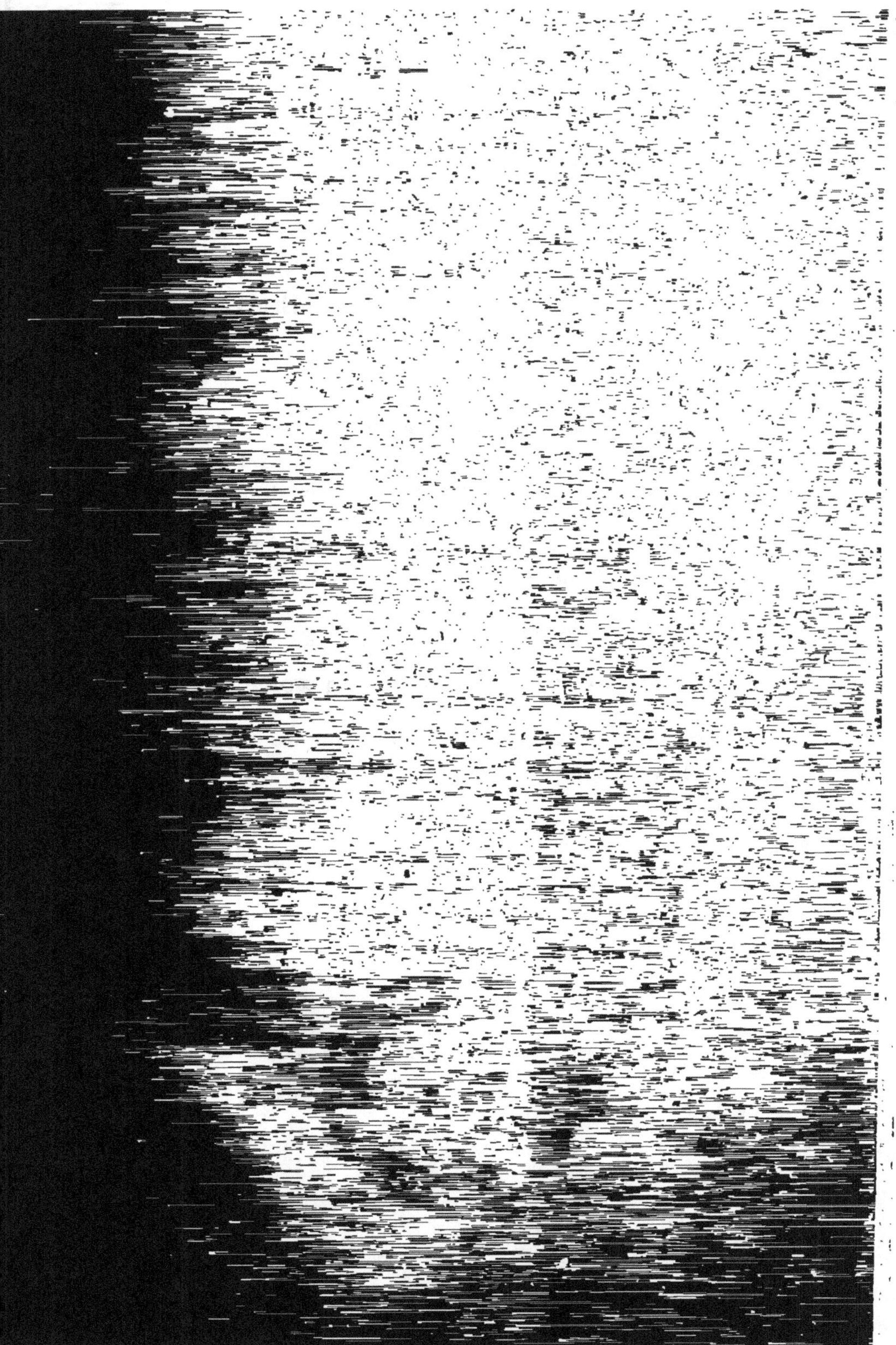

OPUSCULES DU MÊME :

LE BON SENS D'UN ██████ DÉMOCRATE, ou observations générales sur le système militaire de l'Europe, dit système de la paix armée. (Brochure de près de 200 pages in-8°.)

GROS-JEAN ET JOHN BULL, à propos du percement de l'isthme de Suez. (Chansons charivariques.)

AUTRES CHANSONS.

LE DROIT DE VIE ET LE DROIT DE MORT.

UNE POIGNÉE DE VÉRITÉS, ou humbles remontrances d'un Démocrate à S. M. le Fisc et à très-haute dame la Presse.

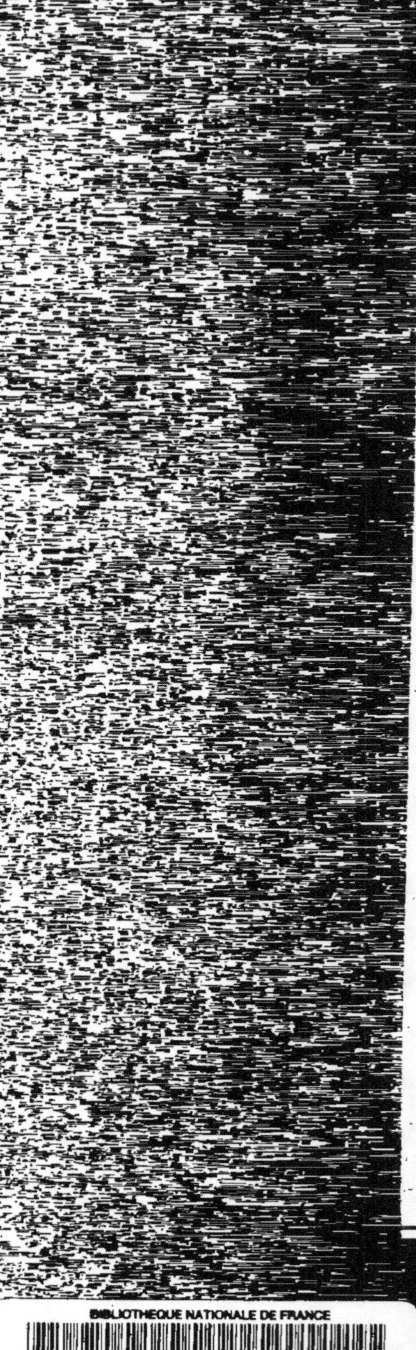